$\mathcal{A}$DDRESS $\mathcal{B}$OOK

Address Book

Tender Hearts

FEW THINGS IN LIFE INSPIRE US TO STOP AND REFLECT AS CHILDREN DO; FEW THINGS EVOKE THE SPIRIT OF WONDER AND INNOCENCE THAT THEY DO. BEYOND THEIR OUTER BEAUTY, CHILDREN POSSESS INTERNAL QUALITIES THAT GOD WANTS US TO HOLD ON TO AS ADULTS; IT IS THEIR TENDER, HUMBLE HEARTS HE CALLS US TO EMBRACE.

FOR AS LONG AS I CAN REMEMBER, I'VE WANTED TO PRESERVE THE TREASURES THAT EXIST IN THAT SHORT WHISPER OF TIME CALLED CHILDHOOD.

MY PRAYER IS THAT THESE IMAGES WILL REMIND US OF THE THINGS THAT ARE TRULY IMPORTANT AND INSPIRE US TO EMBRACE, WITH HUMBLE AND TENDER HEARTS, A SPIRIT OF COMMITMENT TO GOD AND OUR FAMILIES.

— VIRGINIA DIXON

THE FUTURE
BELONGS TO THOSE WHO BELIEVE
IN THE BEAUTY OF THEIR DREAMS.

ELEANOR ROOSEVELT

Name

🎂

✉

✆–H   W

Fax   E-mail

Name

🎂

✉

✆–H   W

Fax   E-mail

Name

🎂

✉

✆–H   W

Fax   E-mail

Name

🎂

✉

✆–H   W

Fax   E-mail

Name

🎂

✉

✆–H   W

Fax   E-mail

Name   🎂

✉

☎ – H   W
Fax   E-mail

Name   🎂

✉

☎ – H   W
Fax   E-mail

Name   🎂

✉

☎ – H   W
Fax   E-mail

Name   🎂

✉

☎ – H   W
Fax   E-mail

Name   🎂

✉

☎ – H   W
Fax   E-mail

Name

✉

☎ – H   W

Fax   E-mail

Name

✉

☎ – H   W

Fax   E-mail

Name

✉

☎ – H   W

Fax   E-mail

Name

✉

☎ – H   W

Fax   E-mail

Name

✉

☎ – H   W

Fax   E-mail

Name ⛰

✉

☎ – H   W
Fax   E-mail

Name ⛰

✉

☎ – H   W
Fax   E-mail

Name ⛰

✉

☎ – H   W
Fax   E-mail

Name ⛰

✉

☎ – H   W
Fax   E-mail

Name ⛰

✉

☎ – H   W
Fax   E-mail

Name   🎂

✉

✆ –H   W

Fax   E-mail

Name   🎂

✉

✆ –H   W

Fax   E-mail

Name   🎂

✉

✆ –H   W

Fax   E-mail

Name   🎂

✉

✆ –H   W

Fax   E-mail

Name   🎂

✉

✆ –H   W

Fax   E-mail

Name

✉

☎ – H   W

Fax   E-mail

Name

✉

☎ – H   W

Fax   E-mail

Name

✉

☎ – H   W

Fax   E-mail

Name

✉

☎ – H   W

Fax   E-mail

Name

✉

☎ – H   W

Fax   E-mail

Name   🎂

✉

✆ – H   W

Fax   E-mail

Name   🎂

✉

✆ – H   W

Fax   E-mail

Name   🎂

✉

✆ – H   W

Fax   E-mail

Name   🎂

✉

✆ – H   W

Fax   E-mail

Name   🎂

✉

✆ – H   W

Fax   E-mail

Name   🎂

✉

☎ – H   W

Fax   E-mail

Name   🎂

✉

☎ – H   W

Fax   E-mail

Name   🎂

✉

☎ – H   W

Fax   E-mail

Name   🎂

✉

☎ – H   W

Fax   E-mail

Name   🎂

✉

☎ – H   W

Fax   E-mail

Name

✉

☎ – H   W

Fax   E-mail

Name

✉

☎ – H   W

Fax   E-mail

Name

✉

☎ – H   W

Fax   E-mail

Name

✉

☎ – H   W

Fax   E-mail

Name

✉

☎ – H   W

Fax   E-mail

Name

✉

☎ –H   W

Fax   E-mail

Name

✉

☎ –H   W

Fax   E-mail

Name

✉

☎ –H   W

Fax   E-mail

Name

✉

☎ –H   W

Fax   E-mail

Name

✉

☎ –H   W

Fax   E-mail

*A*LL THAT IS WORTH CHERISHING
BEGINS IN THE HEART.

❧

SUZANNE CHAPIN

Name   🎂

✉

☎ –H   W

Fax   E-mail

Name   🎂

✉

☎ –H   W

Fax   E-mail

Name   🎂

✉

☎ –H   W

Fax   E-mail

Name   🎂

✉

☎ –H   W

Fax   E-mail

Name   🎂

✉

☎ –H   W

Fax   E-mail

Name   🎂

✉

𝒞 – H   W

Fax   E-mail

Name   🎂

✉

𝒞 – H   W

Fax   E-mail

Name   🎂

✉

𝒞 – H   W

Fax   E-mail

Name   🎂

✉

𝒞 – H   W

Fax   E-mail

Name   🎂

✉

𝒞 – H   W

Fax   E-mail

Name		🎂
✉		

✆ – H		W
Fax		E-mail

Name		🎂
✉		

✆ – H		W
Fax		E-mail

Name		🎂
✉		

✆ – H		W
Fax		E-mail

Name		🎂
✉		

✆ – H		W
Fax		E-mail

Name		🎂
✉		

✆ – H		W
Fax		E-mail

Name	🎂
✉	

☎ – H	W
Fax	E-mail

Name	🎂
✉	

☎ – H	W
Fax	E-mail

Name	🎂
✉	

☎ – H	W
Fax	E-mail

Name	🎂
✉	

☎ – H	W
Fax	E-mail

Name	🎂
✉	

☎ – H	W
Fax	E-mail

Name   🎂

✉

☎ –H   W

Fax   E-mail

Name   🎂

✉

☎ –H   W

Fax   E-mail

Name   🎂

✉

☎ –H   W

Fax   E-mail

Name   🎂

✉

☎ –H   W

Fax   E-mail

Name   🎂

✉

☎ –H   W

Fax   E-mail

Name

✉

✆ – H   W

Fax   E-mail

Name

✉

✆ – H   W

Fax   E-mail

Name

✉

✆ – H   W

Fax   E-mail

Name

✉

✆ – H   W

Fax   E-mail

Name

✉

✆ – H   W

Fax   E-mail

Name   🎂

✉

✆–H   W

Fax   E-mail

Name   🎂

✉

✆–H   W

Fax   E-mail

Name   🎂

✉

✆–H   W

Fax   E-mail

Name   🎂

✉

✆–H   W

Fax   E-mail

Name   🎂

✉

✆–H   W

Fax   E-mail

Name	🎂
✉	

☎ – H	W
Fax	E-mail

Name	🎂
✉	

☎ – H	W
Fax	E-mail

Name	🎂
✉	

☎ – H	W
Fax	E-mail

Name	🎂
✉	

☎ – H	W
Fax	E-mail

Name	🎂
✉	

☎ – H	W
Fax	E-mail

Name   🎂

✉

✆ –H   W

Fax   E-mail

Name   🎂

✉

✆ –H   W

Fax   E-mail

Name   🎂

✉

✆ –H   W

Fax   E-mail

Name   🎂

✉

✆ –H   W

Fax   E-mail

Name   🎂

✉

✆ –H   W

Fax   E-mail

Name	🎂
✉	

☎ –H	W
Fax	E-mail

Name	🎂
✉	

☎ –H	W
Fax	E-mail

Name	🎂
✉	

☎ –H	W
Fax	E-mail

Name	🎂
✉	

☎ –H	W
Fax	E-mail

Name	🎂
✉	

☎ –H	W
Fax	E-mail

THE WONDER OF LIVING IS HELD
WITHIN THE BEAUTY OF SILENCE,
THE GLORY OF SUNLIGHT,
THE SWEETNESS OF FRESH SPRING AIR,
AND THE LOVE THAT LIES
AT THE VERY ROOT OF ALL THINGS.

Name

✉

☎ –H   W
Fax   E-mail

Name

✉

☎ –H   W
Fax   E-mail

Name

✉

☎ –H   W
Fax   E-mail

Name

✉

☎ –H   W
Fax   E-mail

Name

✉

☎ –H   W
Fax   E-mail

Name   🎂

✉

☎ – H   W

Fax   E-mail

Name   🎂

✉

☎ – H   W

Fax   E-mail

Name   🎂

✉

☎ – H   W

Fax   E-mail

Name   🎂

✉

☎ – H   W

Fax   E-mail

Name   🎂

✉

☎ – H   W

Fax   E-mail

Name   🎂

✉

📞 –H   W

Fax   E-mail

Name   🎂

✉

📞 –H   W

Fax   E-mail

Name   🎂

✉

📞 –H   W

Fax   E-mail

Name   🎂

✉

📞 –H   W

Fax   E-mail

Name   🎂

✉

📞 –H   W

Fax   E-mail

Name   🎂

✉

✆ – H   W

Fax   E-mail

Name   🎂

✉

✆ – H   W

Fax   E-mail

Name   🎂

✉

✆ – H   W

Fax   E-mail

Name   🎂

✉

✆ – H   W

Fax   E-mail

Name   🎂

✉

✆ – H   W

Fax   E-mail

Name   🎂

✉

✆–H   W

Fax   E-mail

Name   🎂

✉

✆–H   W

Fax   E-mail

Name   🎂

✉

✆–H   W

Fax   E-mail

Name   🎂

✉

✆–H   W

Fax   E-mail

Name   🎂

✉

✆–H   W

Fax   E-mail

Name

✉

☎ –H   W

Fax   E-mail

Name

✉

☎ –H   W

Fax   E-mail

Name

✉

☎ –H   W

Fax   E-mail

Name

✉

☎ –H   W

Fax   E-mail

Name

✉

☎ –H   W

Fax   E-mail

Name	🎂
✉	

☎ –H	W
Fax	E-mail

Name	🎂
✉	

☎ –H	W
Fax	E-mail

Name	🎂
✉	

☎ –H	W
Fax	E-mail

Name	🎂
✉	

☎ –H	W
Fax	E-mail

Name	🎂
✉	

☎ –H	W
Fax	E-mail

Name 🎂

✉️

☎ – H W

Fax E-mail

Name 🎂

✉️

☎ – H W

Fax E-mail

Name 🎂

✉️

☎ – H W

Fax E-mail

Name 🎂

✉️

☎ – H W

Fax E-mail

Name 🎂

✉️

☎ – H W

Fax E-mail

Name

✉

✆ – H   W

Fax   E-mail

Name

✉

✆ – H   W

Fax   E-mail

Name

✉

✆ – H   W

Fax   E-mail

Name

✉

✆ – H   W

Fax   E-mail

Name

✉

✆ – H   W

Fax   E-mail

Name

$\boxtimes$

☎ –H   W

Fax   E-mail

Name

$\boxtimes$

☎ –H   W

Fax   E-mail

Name

$\boxtimes$

☎ –H   W

Fax   E-mail

Name

$\boxtimes$

☎ –H   W

Fax   E-mail

Name

$\boxtimes$

☎ –H   W

Fax   E-mail

THE JOYFUL BIRDS PROLONG THE STRAIN,
THEIR SONG WITH EVERY SPRING RENEWED;
THE AIR WE BREATHE, AND FALLING RAIN,
EACH SOFTLY WHISPERS: GOD IS GOOD.

JOHN HAMPDEN GURNEY

Name   🎂

✉️

☏ –H   W

Fax   E-mail

Name   🎂

✉️

☏ –H   W

Fax   E-mail

Name   🎂

✉️

☏ –H   W

Fax   E-mail

Name   🎂

✉️

☏ –H   W

Fax   E-mail

Name   🎂

✉️

☏ –H   W

Fax   E-mail

Name 🎂

✉

✆ – H W

Fax E-mail

Name 🎂

✉

✆ – H W

Fax E-mail

Name 🎂

✉

✆ – H W

Fax E-mail

Name 🎂

✉

✆ – H W

Fax E-mail

Name 🎂

✉

✆ – H W

Fax E-mail

Name   🎂

✉️

☎ –H   W

Fax   E-mail

Name   🎂

✉️

☎ –H   W

Fax   E-mail

Name   🎂

✉️

☎ –H   W

Fax   E-mail

Name   🎂

✉️

☎ –H   W

Fax   E-mail

Name   🎂

✉️

☎ –H   W

Fax   E-mail

Name	🎂
✉	

☎ – H	W
Fax	E-mail

Name	🎂
✉	

☎ – H	W
Fax	E-mail

Name	🎂
✉	

☎ – H	W
Fax	E-mail

Name	🎂
✉	

☎ – H	W
Fax	E-mail

Name	🎂
✉	

☎ – H	W
Fax	E-mail

Name	🎂
✉	

☎ –H	W
Fax	E-mail

Name	🎂
✉	

☎ –H	W
Fax	E-mail

Name	🎂
✉	

☎ –H	W
Fax	E-mail

Name	🎂
✉	

☎ –H	W
Fax	E-mail

Name	🎂
✉	

☎ –H	W
Fax	E-mail

Name	🎂
✉	

✆ – H	W
Fax	E-mail

Name	🎂
✉	

✆ – H	W
Fax	E-mail

Name	🎂
✉	

✆ – H	W
Fax	E-mail

Name	🎂
✉	

✆ – H	W
Fax	E-mail

Name	🎂
✉	

✆ – H	W
Fax	E-mail

Name ⌂

✉

☏ – H W

Fax E-mail

Name ⌂

✉

☏ – H W

Fax E-mail

Name ⌂

✉

☏ – H W

Fax E-mail

Name ⌂

✉

☏ – H W

Fax E-mail

Name ⌂

✉

☏ – H W

Fax E-mail

Name   🎂

✉

☎ – H   W

Fax   E-mail

Name   🎂

✉

☎ – H   W

Fax   E-mail

Name   🎂

✉

☎ – H   W

Fax   E-mail

Name   🎂

✉

☎ – H   W

Fax   E-mail

Name   🎂

✉

☎ – H   W

Fax   E-mail

Name   🎂

✉

☏ – H   W

Fax   E-mail

Name   🎂

✉

☏ – H   W

Fax   E-mail

Name   🎂

✉

☏ – H   W

Fax   E-mail

Name   🎂

✉

☏ – H   W

Fax   E-mail

Name   🎂

✉

☏ – H   W

Fax   E-mail

Name ✉️🎂

✉️

☎ – H W

Fax E-mail

Name 🎂

✉️

☎ – H W

Fax E-mail

Name 🎂

✉️

☎ – H W

Fax E-mail

Name 🎂

✉️

☎ – H W

Fax E-mail

Name 🎂

✉️

☎ – H W

Fax E-mail

ALL THE THINGS IN THIS WORLD
ARE GIFTS AND SIGNS OF GOD'S LOVE TO US.
THE WHOLE WORLD IS
A LOVE LETTER FROM GOD.

❧

PETER KREEFT

Name

✉

✆ – H   W

Fax   E-mail

Name

✉

✆ – H   W

Fax   E-mail

Name

✉

✆ – H   W

Fax   E-mail

Name

✉

✆ – H   W

Fax   E-mail

Name

✉

✆ – H   W

Fax   E-mail

Name	🎂
✉️	

✆ –H	W
Fax	E-mail

Name	🎂
✉️	

✆ –H	W
Fax	E-mail

Name	🎂
✉️	

✆ –H	W
Fax	E-mail

Name	🎂
✉️	

✆ –H	W
Fax	E-mail

Name	🎂
✉️	

✆ –H	W
Fax	E-mail

Name 🎂

✉

☎ –H   W

Fax   E-mail

Name 🎂

✉

☎ –H   W

Fax   E-mail

Name 🎂

✉

☎ –H   W

Fax   E-mail

Name 🎂

✉

☎ –H   W

Fax   E-mail

Name 🎂

✉

☎ –H   W

Fax   E-mail

Name   🎂

✉

✆ – H   W

Fax   E-mail

Name   🎂

✉

✆ – H   W

Fax   E-mail

Name   🎂

✉

✆ – H   W

Fax   E-mail

Name   🎂

✉

✆ – H   W

Fax   E-mail

Name   🎂

✉

✆ – H   W

Fax   E-mail

Name	🎂
✉	

✆ – H	W
Fax	E-mail

Name	🎂
✉	

✆ – H	W
Fax	E-mail

Name	🎂
✉	

✆ – H	W
Fax	E-mail

Name	🎂
✉	

✆ – H	W
Fax	E-mail

Name	🎂
✉	

✆ – H	W
Fax	E-mail

Name   🎂

✉

☎ – H   W

Fax   E-mail

Name   🎂

✉

☎ – H   W

Fax   E-mail

Name   🎂

✉

☎ – H   W

Fax   E-mail

Name   🎂

✉

☎ – H   W

Fax   E-mail

Name   🎂

✉

☎ – H   W

Fax   E-mail

Name

✉

☎ –H   W

Fax   E-mail

Name

✉

☎ –H   W

Fax   E-mail

Name

✉

☎ –H   W

Fax   E-mail

Name

✉

☎ –H   W

Fax   E-mail

Name

✉

☎ –H   W

Fax   E-mail

Name 🎂

✉️

☎ –H W

Fax E-mail

Name 🎂

✉️

☎ –H W

Fax E-mail

Name 🎂

✉️

☎ –H W

Fax E-mail

Name 🎂

✉️

☎ –H W

Fax E-mail

Name 🎂

✉️

☎ –H W

Fax E-mail

Name

✉

☎ –H   W

Fax   E-mail

Name

✉

☎ –H   W

Fax   E-mail

Name

✉

☎ –H   W

Fax   E-mail

Name

✉

☎ –H   W

Fax   E-mail

Name

✉

☎ –H   W

Fax   E-mail

Name

✉

☎ – H   W

Fax   E-mail

Name

✉

☎ – H   W

Fax   E-mail

Name

✉

☎ – H   W

Fax   E-mail

Name

✉

☎ – H   W

Fax   E-mail

Name

✉

☎ – H   W

Fax   E-mail

K L

You ARE TENDERLY LOVED
BY THE ONE WHO CREATED YOU.

JANET L. WEAVER

Name   🎂

✉

✆–H   W

Fax   E-mail

Name   🎂

✉

✆–H   W

Fax   E-mail

Name   🎂

✉

✆–H   W

Fax   E-mail

Name   🎂

✉

✆–H   W

Fax   E-mail

Name   🎂

✉

✆–H   W

Fax   E-mail

Name   🎂

✉

☎ – H   W

Fax   E-mail

Name   🎂

✉

☎ – H   W

Fax   E-mail

Name   🎂

✉

☎ – H   W

Fax   E-mail

Name   🎂

✉

☎ – H   W

Fax   E-mail

Name   🎂

✉

☎ – H   W

Fax   E-mail

Name   🎂

✉

✆ – H   W

Fax   E-mail

Name   🎂

✉

✆ – H   W

Fax   E-mail

Name   🎂

✉

✆ – H   W

Fax   E-mail

Name   🎂

✉

✆ – H   W

Fax   E-mail

Name   🎂

✉

✆ – H   W

Fax   E-mail

Name   🎂

✉

☎ – H   W

Fax   E-mail

Name   🎂

✉

☎ – H   W

Fax   E-mail

Name   🎂

✉

☎ – H   W

Fax   E-mail

Name   🎂

✉

☎ – H   W

Fax   E-mail

Name   🎂

✉

☎ – H   W

Fax   E-mail

Name	🎂

✉

⌖ – H   W

Fax   E-mail

Name	🎂

✉

⌖ – H   W

Fax   E-mail

Name	🎂

✉

⌖ – H   W

Fax   E-mail

Name	🎂

✉

⌖ – H   W

Fax   E-mail

Name	🎂

✉

⌖ – H   W

Fax   E-mail

Name	🎂
✉	

✆ – H	W
Fax	E-mail

Name	🎂
✉	

✆ – H	W
Fax	E-mail

Name	🎂
✉	

✆ – H	W
Fax	E-mail

Name	🎂
✉	

✆ – H	W
Fax	E-mail

Name	🎂
✉	

✆ – H	W
Fax	E-mail

Name ·· 🎂

✉ ··

··

☎ –H ·························· W ··························

Fax ·························· E-mail ··························

Name ·· 🎂

✉ ··

··

☎ –H ·························· W ··························

Fax ·························· E-mail ··························

Name ·· 🎂

✉ ··

··

☎ –H ·························· W ··························

Fax ·························· E-mail ··························

Name ·· 🎂

✉ ··

··

☎ –H ·························· W ··························

Fax ·························· E-mail ··························

Name ·· 🎂

✉ ··

··

☎ –H ·························· W ··························

Fax ·························· E-mail ··························

Name

✉

✆ – H   W

Fax   E-mail

Name

✉

✆ – H   W

Fax   E-mail

Name

✉

✆ – H   W

Fax   E-mail

Name

✉

✆ – H   W

Fax   E-mail

Name

✉

✆ – H   W

Fax   E-mail

Name   🎂

✉

☎ – H   W

Fax   E-mail

Name   🎂

✉

☎ – H   W

Fax   E-mail

Name   🎂

✉

☎ – H   W

Fax   E-mail

Name   🎂

✉

☎ – H   W

Fax   E-mail

Name   🎂

✉

☎ – H   W

Fax   E-mail

Name 🎂

✉

☎ – H W

Fax E-mail

Name 🎂

✉

☎ – H W

Fax E-mail

Name 🎂

✉

☎ – H W

Fax E-mail

Name 🎂

✉

☎ – H W

Fax E-mail

Name 🎂

✉

☎ – H W

Fax E-mail

WHEN ONE IS AT WORK,
ONE SHOULD NOT THINK OF PLAY,
AND WHEN ONE IS AT PLAY,
ONE SHOULD NOT THINK OF ONE'S WORK.

Name   🎂

✉

☏ – H   W

Fax   E-mail

Name   🎂

✉

☏ – H   W

Fax   E-mail

Name   🎂

✉

☏ – H   W

Fax   E-mail

Name   🎂

✉

☏ – H   W

Fax   E-mail

Name   🎂

✉

☏ – H   W

Fax   E-mail

Name   🎂

✉

☎ – H   W

Fax   E-mail

Name   🎂

✉

☎ – H   W

Fax   E-mail

Name   🎂

✉

☎ – H   W

Fax   E-mail

Name   🎂

✉

☎ – H   W

Fax   E-mail

Name   🎂

✉

☎ – H   W

Fax   E-mail

Name   🎂

✉

$\mathscr{C}$–H   W

Fax   E-mail

Name   🎂

✉

$\mathscr{C}$–H   W

Fax   E-mail

Name   🎂

✉

$\mathscr{C}$–H   W

Fax   E-mail

Name   🎂

✉

$\mathscr{C}$–H   W

Fax   E-mail

Name   🎂

✉

$\mathscr{C}$–H   W

Fax   E-mail

Name

✉

☎ –H   W

Fax   E-mail

Name

✉

☎ –H   W

Fax   E-mail

Name

✉

☎ –H   W

Fax   E-mail

Name

✉

☎ –H   W

Fax   E-mail

Name

✉

☎ –H   W

Fax   E-mail

Name   🎂

✉

✆–H   W

Fax   E-mail

Name   🎂

✉

✆–H   W

Fax   E-mail

Name   🎂

✉

✆–H   W

Fax   E-mail

Name   🎂

✉

✆–H   W

Fax   E-mail

Name   🎂

✉

✆–H   W

Fax   E-mail

Name

✉

☎ – H   W

Fax   E-mail

Name

✉

☎ – H   W

Fax   E-mail

Name

✉

☎ – H   W

Fax   E-mail

Name

✉

☎ – H   W

Fax   E-mail

Name

✉

☎ – H   W

Fax   E-mail

Name   🎂

✉️

☎ –H   W

Fax   E-mail

Name   🎂

✉️

☎ –H   W

Fax   E-mail

Name   🎂

✉️

☎ –H   W

Fax   E-mail

Name   🎂

✉️

☎ –H   W

Fax   E-mail

Name   🎂

✉️

☎ –H   W

Fax   E-mail

Name   🎂

✉️

☎ –H   W

Fax   E-mail

Name   🎂

✉️

☎ –H   W

Fax   E-mail

Name   🎂

✉️

☎ –H   W

Fax   E-mail

Name   🎂

✉️

☎ –H   W

Fax   E-mail

Name   🎂

✉️

☎ –H   W

Fax   E-mail

Name	🎂
✉	

✆ –H	W
Fax	E-mail

Name	🎂
✉	

✆ –H	W
Fax	E-mail

Name	🎂
✉	

✆ –H	W
Fax	E-mail

Name	🎂
✉	

✆ –H	W
Fax	E-mail

Name	🎂
✉	

✆ –H	W
Fax	E-mail

Name   🎂

✉

☎ – H   W

Fax   E-mail

Name   🎂

✉

☎ – H   W

Fax   E-mail

Name   🎂

✉

☎ – H   W

Fax   E-mail

Name   🎂

✉

☎ – H   W

Fax   E-mail

Name   🎂

✉

☎ – H   W

Fax   E-mail

$\mathscr{A}$ JOY THAT'S SHARED
IS A JOY MADE DOUBLE.

❧

ENGLISH PROVERB

Name   🎂

✉

✆ – H   W

Fax   E-mail

Name   🎂

✉

✆ – H   W

Fax   E-mail

Name   🎂

✉

✆ – H   W

Fax   E-mail

Name   🎂

✉

✆ – H   W

Fax   E-mail

Name   🎂

✉

✆ – H   W

Fax   E-mail

Name   🎂

✉

✆ – H   W

Fax   E-mail

Name   🎂

✉

✆ – H   W

Fax   E-mail

Name   🎂

✉

✆ – H   W

Fax   E-mail

Name   🎂

✉

✆ – H   W

Fax   E-mail

Name   🎂

✉

✆ – H   W

Fax   E-mail

Name   🎂

✉

☎ –H   W

Fax   E-mail

Name   🎂

✉

☎ –H   W

Fax   E-mail

Name   🎂

✉

☎ –H   W

Fax   E-mail

Name   🎂

✉

☎ –H   W

Fax   E-mail

Name   🎂

✉

☎ –H   W

Fax   E-mail

Name 🎂

✉

☎ – H   W

Fax   E-mail

Name 🎂

✉

☎ – H   W

Fax   E-mail

Name 🎂

✉

☎ – H   W

Fax   E-mail

Name 🎂

✉

☎ – H   W

Fax   E-mail

Name 🎂

✉

☎ – H   W

Fax   E-mail

Name   🎂

✉

✆–H   W

Fax   E-mail

Name   🎂

✉

✆–H   W

Fax   E-mail

Name   🎂

✉

✆–H   W

Fax   E-mail

Name   🎂

✉

✆–H   W

Fax   E-mail

Name   🎂

✉

✆–H   W

Fax   E-mail

Name

✉

☎ – H   W

Fax   E-mail

Name

✉

☎ – H   W

Fax   E-mail

Name

✉

☎ – H   W

Fax   E-mail

Name

✉

☎ – H   W

Fax   E-mail

Name

✉

☎ – H   W

Fax   E-mail

Name ⛊

✉

✆ –H   W

Fax   E-mail

Name ⛊

✉

✆ –H   W

Fax   E-mail

Name ⛊

✉

✆ –H   W

Fax   E-mail

Name ⛊

✉

✆ –H   W

Fax   E-mail

Name ⛊

✉

✆ –H   W

Fax   E-mail

Name   🎂

✉

☎ – H   W

Fax   E-mail

Name   🎂

✉

☎ – H   W

Fax   E-mail

Name   🎂

✉

☎ – H   W

Fax   E-mail

Name   🎂

✉

☎ – H   W

Fax   E-mail

Name   🎂

✉

☎ – H   W

Fax   E-mail

Name ⊠

✆ – H W
Fax E-mail

Name ⊠

✆ – H W
Fax E-mail

Name ⊠

✆ – H W
Fax E-mail

Name ⊠

✆ – H W
Fax E-mail

Name ⊠

✆ – H W
Fax E-mail

Name 🎂

✉

☎ – H W

Fax E-mail

Name 🎂

✉

☎ – H W

Fax E-mail

Name 🎂

✉

☎ – H W

Fax E-mail

Name 🎂

✉

☎ – H W

Fax E-mail

Name 🎂

✉

☎ – H W

Fax E-mail

May HAPPINESS
TOUCH YOUR LIFE TODAY
AS WARMLY AS YOU HAVE TOUCHED
THE LIVES OF OTHERS.

Name	🎂
✉	

✆ –H	W
Fax	E-mail

Name	🎂
✉	

✆ –H	W
Fax	E-mail

Name	🎂
✉	

✆ –H	W
Fax	E-mail

Name	🎂
✉	

✆ –H	W
Fax	E-mail

Name	🎂
✉	

✆ –H	W
Fax	E-mail

Name	🎂
✉	

✆ – H	W
Fax	E-mail

Name	🎂
✉	

✆ – H	W
Fax	E-mail

Name	🎂
✉	

✆ – H	W
Fax	E-mail

Name	🎂
✉	

✆ – H	W
Fax	E-mail

Name	🎂
✉	

✆ – H	W
Fax	E-mail

Name

✉

✆ – H   W

Fax   E-mail

Name

✉

✆ – H   W

Fax   E-mail

Name

✉

✆ – H   W

Fax   E-mail

Name

✉

✆ – H   W

Fax   E-mail

Name

✉

✆ – H   W

Fax   E-mail

Name   🎂

✉️

☎ – H   W

Fax   E-mail

Name   🎂

✉️

☎ – H   W

Fax   E-mail

Name   🎂

✉️

☎ – H   W

Fax   E-mail

Name   🎂

✉️

☎ – H   W

Fax   E-mail

Name   🎂

✉️

☎ – H   W

Fax   E-mail

Name

✉

✆ – H   W

Fax   E-mail

Name

✉

✆ – H   W

Fax   E-mail

Name

✉

✆ – H   W

Fax   E-mail

Name

✉

✆ – H   W

Fax   E-mail

Name

✉

✆ – H   W

Fax   E-mail

Name	🎂
✉	

☎ – H	W
Fax	E-mail

Name	🎂
✉	

☎ – H	W
Fax	E-mail

Name	🎂
✉	

☎ – H	W
Fax	E-mail

Name	🎂
✉	

☎ – H	W
Fax	E-mail

Name	🎂
✉	

☎ – H	W
Fax	E-mail

Name

⊠

☎–H   W
Fax   E-mail

Name

⊠

☎–H   W
Fax   E-mail

Name

⊠

☎–H   W
Fax   E-mail

Name

⊠

☎–H   W
Fax   E-mail

Name

⊠

☎–H   W
Fax   E-mail

Name	🎂
✉	

✆ –H	W
Fax	E-mail

Name	🎂
✉	

✆ –H	W
Fax	E-mail

Name	🎂
✉	

✆ –H	W
Fax	E-mail

Name	🎂
✉	

✆ –H	W
Fax	E-mail

Name	🎂
✉	

✆ –H	W
Fax	E-mail

Name   🎂

✉

✆ –H   W

Fax   E-mail

Name   🎂

✉

✆ –H   W

Fax   E-mail

Name   🎂

✉

✆ –H   W

Fax   E-mail

Name   🎂

✉

✆ –H   W

Fax   E-mail

Name   🎂

✉

✆ –H   W

Fax   E-mail

Name

✉

☎ – H   W

Fax   E-mail

Name

✉

☎ – H   W

Fax   E-mail

Name

✉

☎ – H   W

Fax   E-mail

Name

✉

☎ – H   W

Fax   E-mail

Name

✉

☎ – H   W

Fax   E-mail

A FRIEND IS A BLESSING
SENT FROM HEAVEN ABOVE,
A HUGGABLE REMINDER
OF GOD'S UNFAILING LOVE.

Name

🎂

✉

🖂 –H W

Fax E-mail

Name

🎂

✉

🖂 –H W

Fax E-mail

Name

🎂

✉

🖂 –H W

Fax E-mail

Name

🎂

✉

🖂 –H W

Fax E-mail

Name

🎂

✉

🖂 –H W

Fax E-mail

Name   🎂

✉

☎ – H   W

Fax   E-mail

Name   🎂

✉

☎ – H   W

Fax   E-mail

Name   🎂

✉

☎ – H   W

Fax   E-mail

Name   🎂

✉

☎ – H   W

Fax   E-mail

Name   🎂

✉

☎ – H   W

Fax   E-mail

Name	🎂
✉	

✆ –H	W
Fax	E-mail

Name	🎂
✉	

✆ –H	W
Fax	E-mail

Name	🎂
✉	

✆ –H	W
Fax	E-mail

Name	🎂
✉	

✆ –H	W
Fax	E-mail

Name	🎂
✉	

✆ –H	W
Fax	E-mail

Name

✉

☎ – H   W

Fax   E-mail

Name

✉

☎ – H   W

Fax   E-mail

Name

✉

☎ – H   W

Fax   E-mail

Name

✉

☎ – H   W

Fax   E-mail

Name

✉

☎ – H   W

Fax   E-mail

Name   🎂

✉

📞 –H   W

Fax   E-mail

Name   🎂

✉

📞 –H   W

Fax   E-mail

Name   🎂

✉

📞 –H   W

Fax   E-mail

Name   🎂

✉

📞 –H   W

Fax   E-mail

Name   🎂

✉

📞 –H   W

Fax   E-mail

Name ⌂🎂

✉

☎ – H　　　　　　　W

Fax　　　　　　　E-mail

Name ⌂🎂

✉

☎ – H　　　　　　　W

Fax　　　　　　　E-mail

Name ⌂🎂

✉

☎ – H　　　　　　　W

Fax　　　　　　　E-mail

Name ⌂🎂

✉

☎ – H　　　　　　　W

Fax　　　　　　　E-mail

Name ⌂🎂

✉

☎ – H　　　　　　　W

Fax　　　　　　　E-mail

Name

✉

☎ – H   W

Fax   E-mail

Name

✉

☎ – H   W

Fax   E-mail

Name

✉

☎ – H   W

Fax   E-mail

Name

✉

☎ – H   W

Fax   E-mail

Name

✉

☎ – H   W

Fax   E-mail

Name 🎂

✉

☎ – H   W

Fax   E-mail

Name 🎂

✉

☎ – H   W

Fax   E-mail

Name 🎂

✉

☎ – H   W

Fax   E-mail

Name 🎂

✉

☎ – H   W

Fax   E-mail

Name 🎂

✉

☎ – H   W

Fax   E-mail

Name

✉

☎–H   W

Fax   E-mail

Name

✉

☎–H   W

Fax   E-mail

Name

✉

☎–H   W

Fax   E-mail

Name

✉

☎–H   W

Fax   E-mail

Name

✉

☎–H   W

Fax   E-mail

Name	🎂
✉	

☎ –H	W
Fax	E-mail

Name	🎂
✉	

☎ –H	W
Fax	E-mail

Name	🎂
✉	

☎ –H	W
Fax	E-mail

Name	🎂
✉	

☎ –H	W
Fax	E-mail

Name	🎂
✉	

☎ –H	W
Fax	E-mail

*I*T IS THE SIMPLE THINGS
OF LIFE THAT MAKE LIVING WORTHWHILE,
THE SWEET FUNDAMENTAL THINGS SUCH AS
LOVE AND DUTY, WORK AND REST,
AND LIVING CLOSE TO NATURE.

LAURA INGALLS WILDER

U
V

Name

✉

☏ –H   W

Fax   E-mail

Name

✉

☏ –H   W

Fax   E-mail

Name

✉

☏ –H   W

Fax   E-mail

Name

✉

☏ –H   W

Fax   E-mail

Name

✉

☏ –H   W

Fax   E-mail

Name ☂

✉

☎ – H   W

Fax   E-mail

Name ☂

✉

☎ – H   W

Fax   E-mail

Name ☂

✉

☎ – H   W

Fax   E-mail

Name ☂

✉

☎ – H   W

Fax   E-mail

Name ☂

✉

☎ – H   W

Fax   E-mail

Name

✉

☎ –H   W
Fax   E-mail

Name

✉

☎ –H   W
Fax   E-mail

Name

✉

☎ –H   W
Fax   E-mail

Name

✉

☎ –H   W
Fax   E-mail

Name

✉

☎ –H   W
Fax   E-mail

Name	🎂
✉	

☎ –H	W
Fax	E-mail

Name	🎂
✉	

☎ –H	W
Fax	E-mail

Name	🎂
✉	

☎ –H	W
Fax	E-mail

Name	🎂
✉	

☎ –H	W
Fax	E-mail

Name	🎂
✉	

☎ –H	W
Fax	E-mail

Name   🎂

✉

✆ – H   W

Fax   E-mail

Name   🎂

✉

✆ – H   W

Fax   E-mail

Name   🎂

✉

✆ – H   W

Fax   E-mail

Name   🎂

✉

✆ – H   W

Fax   E-mail

Name   🎂

✉

✆ – H   W

Fax   E-mail

Name   🎂

✉

✆ – H   W

Fax   E-mail

Name   🎂

✉

✆ – H   W

Fax   E-mail

Name   🎂

✉

✆ – H   W

Fax   E-mail

Name   🎂

✉

✆ – H   W

Fax   E-mail

Name   🎂

✉

✆ – H   W

Fax   E-mail

Name

✉

☎ –H   W

Fax   E-mail

Name

✉

☎ –H   W

Fax   E-mail

Name

✉

☎ –H   W

Fax   E-mail

Name

✉

☎ –H   W

Fax   E-mail

Name

✉

☎ –H   W

Fax   E-mail

Name	🎂
✉	

✆ – H	W
Fax	E-mail

Name	🎂
✉	

✆ – H	W
Fax	E-mail

Name	🎂
✉	

✆ – H	W
Fax	E-mail

Name	🎂
✉	

✆ – H	W
Fax	E-mail

Name	🎂
✉	

✆ – H	W
Fax	E-mail

Name   🎂

✉

✆ – H   W

Fax   E-mail

Name   🎂

✉

✆ – H   W

Fax   E-mail

Name   🎂

✉

✆ – H   W

Fax   E-mail

Name   🎂

✉

✆ – H   W

Fax   E-mail

Name   🎂

✉

✆ – H   W

Fax   E-mail

Name   🎂

✉️

☎ – H   W

Fax   E-mail

Name   🎂

✉️

☎ – H   W

Fax   E-mail

Name   🎂

✉️

☎ – H   W

Fax   E-mail

Name   🎂

✉️

☎ – H   W

Fax   E-mail

Name   🎂

✉️

☎ – H   W

Fax   E-mail

𝒲HERE YOUR PLEASURE IS,
THERE IS YOUR TREASURE;
WHERE YOUR TREASURE,
THERE YOUR HEART;
WHERE YOUR HEART,
THERE YOUR HAPPINESS.

❧

AUGUSTINE

Name	🎂
✉	

☎ – H	W
Fax	E-mail

Name	🎂
✉	

☎ – H	W
Fax	E-mail

Name	🎂
✉	

☎ – H	W
Fax	E-mail

Name	🎂
✉	

☎ – H	W
Fax	E-mail

Name	🎂
✉	

☎ – H	W
Fax	E-mail

Name ⛰

✉

✆ – H　　　　　　　　W

Fax　　　　　　　　E-mail

Name ⛰

✉

✆ – H　　　　　　　　W

Fax　　　　　　　　E-mail

Name ⛰

✉

✆ – H　　　　　　　　W

Fax　　　　　　　　E-mail

Name ⛰

✉

✆ – H　　　　　　　　W

Fax　　　　　　　　E-mail

Name ⛰

✉

✆ – H　　　　　　　　W

Fax　　　　　　　　E-mail

Name

✉

✆ –H   W

Fax   E-mail

Name

✉

✆ –H   W

Fax   E-mail

Name

✉

✆ –H   W

Fax   E-mail

Name

✉

✆ –H   W

Fax   E-mail

Name

✉

✆ –H   W

Fax   E-mail

Name ⌖

✉

✆ –H W

Fax E-mail

Name ⌖

✉

✆ –H W

Fax E-mail

Name ⌖

✉

✆ –H W

Fax E-mail

Name ⌖

✉

✆ –H W

Fax E-mail

Name ⌖

✉

✆ –H W

Fax E-mail

Name   🎂

✉

✆–H   W

Fax   E-mail

Name   🎂

✉

✆–H   W

Fax   E-mail

Name   🎂

✉

✆–H   W

Fax   E-mail

Name   🎂

✉

✆–H   W

Fax   E-mail

Name   🎂

✉

✆–H   W

Fax   E-mail

Name	🎂
✉	

☎ – H	W
Fax	E-mail

Name	🎂
✉	

☎ – H	W
Fax	E-mail

Name	🎂
✉	

☎ – H	W
Fax	E-mail

Name	🎂
✉	

☎ – H	W
Fax	E-mail

Name	🎂
✉	

☎ – H	W
Fax	E-mail

Name   🎂

✉

✆ –H   W

Fax   E-mail

Name   🎂

✉

✆ –H   W

Fax   E-mail

Name   🎂

✉

✆ –H   W

Fax   E-mail

Name   🎂

✉

✆ –H   W

Fax   E-mail

Name   🎂

✉

✆ –H   W

Fax   E-mail

Name 🎂

✉️

📞 –H W

Fax E-mail

Name 🎂

✉️

📞 –H W

Fax E-mail

Name 🎂

✉️

📞 –H W

Fax E-mail

Name 🎂

✉️

📞 –H W

Fax E-mail

Name 🎂

✉️

📞 –H W

Fax E-mail

Name

✉

✆ – H W

Fax E-mail

Name

✉

✆ – H W

Fax E-mail

Name

✉

✆ – H W

Fax E-mail

Name

✉

✆ – H W

Fax E-mail

Name

✉

✆ – H W

Fax E-mail

Name

✉

☎ – H   W
Fax   E-mail

Name

✉

☎ – H   W
Fax   E-mail

Name

✉

☎ – H   W
Fax   E-mail

Name

✉

☎ – H   W
Fax   E-mail

Name

✉

☎ – H   W
Fax   E-mail

DELIGHT YOURSELF
IN THE LORD AND HE WILL
GIVE YOU THE DESIRES
OF YOUR HEART.

PSALM 37:4 NIV

Name

✉

☏ – H   W

Fax   E-mail

Name

✉

☏ – H   W

Fax   E-mail

Name

✉

☏ – H   W

Fax   E-mail

Name

✉

☏ – H   W

Fax   E-mail

Name

✉

☏ – H   W

Fax   E-mail

Name

✉

☎ – H   W
Fax   E-mail

Name

✉

☎ – H   W
Fax   E-mail

Name

✉

☎ – H   W
Fax   E-mail

Name

✉

☎ – H   W
Fax   E-mail

Name

✉

☎ – H   W
Fax   E-mail

Name	🎂
✉	
✆ – H	W
Fax	E-mail
Name	🎂
✉	
✆ – H	W
Fax	E-mail
Name	🎂
✉	
✆ – H	W
Fax	E-mail
Name	🎂
✉	
✆ – H	W
Fax	E-mail
Name	🎂
✉	
✆ – H	W
Fax	E-mail

Name ⬭

✉

☎ – H W

Fax E-mail

Name ⬭

✉

☎ – H W

Fax E-mail

Name ⬭

✉

☎ – H W

Fax E-mail

Name ⬭

✉

☎ – H W

Fax E-mail

Name ⬭

✉

☎ – H W

Fax E-mail

Name   🎂

✉️

✆ –H   W

Fax   E-mail

Name   🎂

✉️

✆ –H   W

Fax   E-mail

Name   🎂

✉️

✆ –H   W

Fax   E-mail

Name   🎂

✉️

✆ –H   W

Fax   E-mail

Name   🎂

✉️

✆ –H   W

Fax   E-mail

Name

✉

☎ – H   W

Fax   E-mail

Name

✉

☎ – H   W

Fax   E-mail

Name

✉

☎ – H   W

Fax   E-mail

Name

✉

☎ – H   W

Fax   E-mail

Name

✉

☎ – H   W

Fax   E-mail

Name   🎂

✉

✆ – H   W

Fax   E-mail

Name   🎂

✉

✆ – H   W

Fax   E-mail

Name   🎂

✉

✆ – H   W

Fax   E-mail

Name   🎂

✉

✆ – H   W

Fax   E-mail

Name   🎂

✉

✆ – H   W

Fax   E-mail

Name

✉

☎ –H   W

Fax   E-mail

Name

✉

☎ –H   W

Fax   E-mail

Name

✉

☎ –H   W

Fax   E-mail

Name

✉

☎ –H   W

Fax   E-mail

Name

✉

☎ –H   W

Fax   E-mail

Name

✉

☏ –H   W

Fax   E-mail

Name

✉

☏ –H   W

Fax   E-mail

Name

✉

☏ –H   W

Fax   E-mail

Name

✉

☏ –H   W

Fax   E-mail

Name

✉

☏ –H   W

Fax   E-mail

Name ⌂

✉

☏ – H W

Fax E-mail

Name ⌂

✉

☏ – H W

Fax E-mail

Name ⌂

✉

☏ – H W

Fax E-mail

Name ⌂

✉

☏ – H W

Fax E-mail

Name ⌂

✉

☏ – H W

Fax E-mail